CADERNO DE ATIVIDADES

Organizadora: Editora Moderna
Obra coletiva concebida, desenvolvida e produzida pela Editora Moderna.

Editoras Executivas:
Maíra Rosa Carnevalle
Rita Helena Bröckelmann

5ª edição

© Editora Moderna, 2018

Elaboração dos originais:

Daniel Hohl
Licenciado em Física pela Universidade de São Paulo. Editor.

Flávia Ferrari
Bacharel em Ciências Biológicas pelo Instituto de Biociências da Universidade de São Paulo. Professora.

Coordenação editorial: Maíra Rosa Carnevalle, Rita Helena Bröckelmann
Edição de texto: Dino Santesso Gabrielli, Tatiani Donato
Gerência de *design* e produção gráfica: Everson de Paula
Coordenação de produção: Patricia Costa
Suporte administrativo editorial: Maria de Lourdes Rodrigues
Coordenação de *design* e projetos visuais: Marta Cerqueira Leite
Projeto gráfico e capa: Daniel Messias, Otávio dos Santos
Pesquisa iconográfica para capa: Daniel Messias, Otávio dos Santos, Bruno Tonel
 Fotos: Triton Submarines LLC; Auscape/UIG/Getty Images
Coordenação de arte: Carolina de Oliveira
Edição de arte: Ricardo Mittelstaedt
Editoração eletrônica: Essencial Design
Coordenação de revisão: Maristela S. Carrasco
Revisão: Beatriz Rocha, Cárita Negromonte, Fernanda Marcelino, Renata Brabo, Rita de Cássia Sam, Tatiana Malheiro
Coordenação de pesquisa iconográfica: Luciano Baneza Gabarron
Pesquisa iconográfica: Flávia Morais
Coordenação de *bureau*: Rubens M. Rodrigues
Tratamento de imagens: Fernando Bertolo, Joel Aparecido, Luiz Carlos Costa, Marina M. Buzzinaro
Pré-impressão: Alexandre Petreca, Everton L. de Oliveira, Marcio H. Kamoto, Vitória Sousa
Coordenação de produção industrial: Wendell Monteiro
Impressão e acabamento: Forma Certa Gráfica Digital
Lote: 788143

Dados Internacionais de Catalogação na Publicação (CIP)
(Câmara Brasileira do Livro, SP, Brasil)

Araribá plus : ciências naturais : caderno de atividades / obra coletiva concebida, desenvolvida e produzida pela Editora Moderna ; editoras executivas Maíra Rosa Carnevalle, Rita Helena Bröckelmann. – 5. ed. – São Paulo : Moderna, 2018.

Obra em 4 v. para alunos do 6º ao 9º ano.

1. Ciências (Ensino fundamental) I. Carnevalle, Maíra Rosa. II. Bröckelmann, Rita Helena.

18-15784   CDD-372.35

Índices para catálogo sistemático:
1. Ciências : Ensino fundamental 372.35

Cibele Maria Dias – Bibliotecária – CRB-8/9427

ISBN 978-85-16-11245-5 (LA)
ISBN 978-85-16-11246-2 (LP)

Reprodução proibida. Art. 184 do Código Penal e Lei 9.610 de 19 de fevereiro de 1998.
Todos os direitos reservados
EDITORA MODERNA LTDA.
Rua Padre Adelino, 758 – Belenzinho
São Paulo – SP – Brasil – CEP 03303-904
Vendas e Atendimento: Tel. (0_ _11) 2602-5510
Fax (0_ _11) 2790-1501
www.moderna.com.br
2024
Impresso no Brasil

1 3 5 7 9 10 8 6 4 2

Imagem de capa
CIMON (Crew Interactive Mobile CompaniON), um assistente artificial autônomo que ajuda astronautas na Estação Espacial Internacional. Atualmente, equipamentos com inteligência artificial são responsáveis por diversas tarefas que antes eram destinadas às pessoas.

SUMÁRIO

UNIDADE 1 Nutrição e sistemas digestório, respiratório e urinário 4

UNIDADE 2 Sistemas cardiovascular, linfático e imunitário 12

UNIDADE 3 Sistemas esquelético, muscular, nervoso e endócrino 20

UNIDADE 4 Reprodução e adolescência 28

UNIDADE 5 Introdução à Genética 36

UNIDADE 6 Força e movimento 43

UNIDADE 7 Energia 54

UNIDADE 8 Sol, Terra e Lua 63

UNIDADE 1 NUTRIÇÃO E SISTEMAS DIGESTÓRIO, RESPIRATÓRIO E URINÁRIO

RECAPITULANDO

- As células do **corpo humano** estão organizadas em tecidos, órgãos e sistemas que se encarregam das diversas funções do organismo.
- Os diferentes sistemas do corpo humano se integram de modo a manter seu equilíbrio interno ou **homeostase**.
- A **nutrição** é um processo que envolve a **ingestão, digestão, absorção e distribuição de nutrientes** e a **eliminação de resíduos**.
- O **sistema digestório** é responsável pela transformação dos alimentos ingeridos em compostos menores e mais simples que podem ser absorvidos e utilizados pelas células. Ele é composto de um **tubo digestório** e **órgãos anexos**.
- As **etapas da digestão** são: ingestão, transformação do alimento, absorção de nutrientes e formação e eliminação das fezes.
- O **sistema respiratório** é responsável pelas trocas gasosas. Ele é formado pelas **vias respiratórias**, pelos **pulmões**, pelo **diafragma** e pelos **músculos intercostais**.
- As **trocas gasosas** são realizadas nos **alvéolos pulmonares**.
- Os gases envolvidos na respiração são o **gás oxigênio** e o **gás carbônico**.
- O gás oxigênio é utilizado pelas células no processo de obtenção da energia contida nos nutrientes durante a **respiração celular**.
- O **sistema urinário** é responsável pela eliminação de resíduos tóxicos e pela manutenção do equilíbrio hídrico corporal. Ele é formado pelos **rins**, pelos **ureteres**, pela **bexiga urinária** e pela **uretra**.
- A unidade funcional dos rins é o **néfron**, responsável pela **filtração** do sangue e **formação da urina**.
- A urina é composta principalmente por **água, sais minerais, ureia** e **ácido úrico**.

1. Organize as palavras do quadro a seguir no diagrama, da menor unidade à maior.

sistema   célula   organismo   tecido   órgão

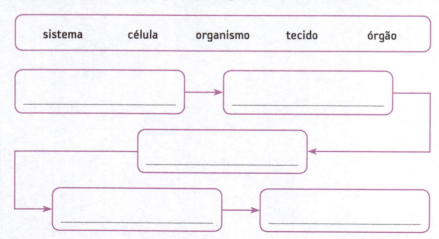

2. Identifique no esquema a seguir os órgãos anexos do sistema digestório indicados com **A**, **B** e **C**.

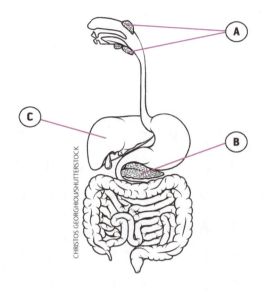

_____
_____
_____

3. Complete a cruzadinha.

Vertical

1. Cavidade de entrada do tubo digestório.
2. Estrutura localizada próxima ao estômago que produz o suco pancreático.
3. Órgão que produz a bile, substância envolvida na digestão de lipídios.

Horizontal

4. Canal comum aos sistemas digestório e respiratório, que liga a boca ao esôfago.
5. Tubo musculoso que comunica a faringe com o estômago.
6. Dilatação do tubo digestório, em forma de bolsa.

4. Localize no diagrama de letras a seguir os quatro componentes do tubo digestório.

S	R	I	W	G	S	L	G	X	T	L	M	R	Q	K	T	N	F	S	Y	Z	F
Z	H	N	R	H	L	Z	V	S	V	L	Q	E	C	B	O	C	A	U	D	L	D
V	Z	T	G	D	N	Y	Y	K	X	Q	V	S	R	N	V	V	F	F	A	R	N
U	W	E	C	X	J	I	T	F	T	M	L	T	C	N	K	I	E	O	J	E	A
L	G	S	P	E	S	Ô	F	A	G	O	R	Ô	Y	U	I	E	K	C	Y	N	U
N	E	T	C	N	N	M	E	D	P	G	J	M	S	I	N	T	V	P	T	U	P
T	N	I	W	C	O	Ô	O	R	V	P	X	A	Y	K	L	W	E	A	R	N	S
K	S	N	I	G	N	O	M	M	B	A	M	G	B	K	H	W	G	I	P	I	F
K	G	O	S	H	B	S	H	I	T	N	S	O	Y	X	J	E	M	A	K	T	E
O	M	M	T	E	U	C	C	Z	C	C	N	A	E	V	N	E	P	I	U	I	J
B	C	D	C	J	E	F	B	Y	L	R	T	R	V	S	S	C	R	X	H	Z	V

5. Leia as informações presentes nos diagramas e complete-os com os órgãos correspondentes.

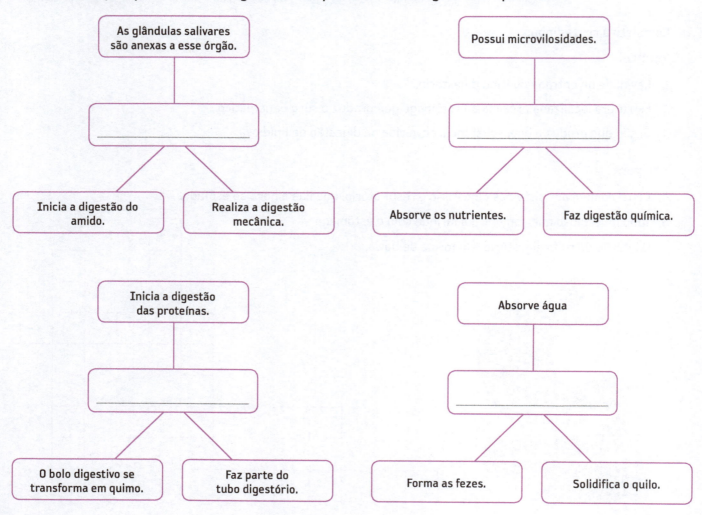

6

6. Relacione os órgãos às respectivas substâncias que são digeridas por eles.

| Estômago | | Digestão final dos açúcares, gorduras e proteínas. |

| Intestino delgado | | Digestão inicial do amido. |

| Boca | | Digestão inicial de proteínas. |

7. Nomeie os órgãos que fazem parte das vias respiratórias, indicando os que estão localizados no pulmão.

_____

_____

_____

8. Observe as imagens a seguir e faça o que se pede.

a) Identifique a estrutura presente na imagem **A**.

_____

b) A imagem **B** está representando um processo que ocorre na estrutura presente na imagem **A**. Que processo é esse?

_____

c) Descreva o percurso feito pelo ar durante a inspiração até atingir o processo representado na imagem **B**, indicando os nomes de cada órgão.

_____

_____

_____

_____

_____

9. Observe as imagens a seguir e faça o que se pede.

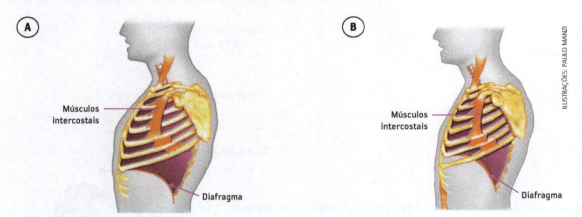

a) Identifique os movimentos respiratórios nas imagens **A** e **B**.

b) Explique como eles acontecem.

10. Observe a imagem a seguir e faça o que se pede.

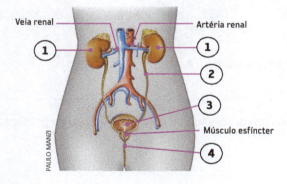

a) Qual é o sistema que está representado na imagem?

b) Identifique os componentes desse sistema indicados de **1** a **4**.

c) Onde é formada a urina?

d) Em que local a urina formada é armazenada?

11. Localize os termos no diagrama e preencha as lacunas das frases a seguir, utilizando-os.

a) O _____ renal é a parte mais externa do rim. Ela é composta de mais de um milhão de _____, que são suas unidades funcionais. Eles são responsáveis por filtrar o _____ do corpo cerca de 300 vezes por dia, retirando as excretas do organismo e dando origem à _____.

b) A _____ renal é a parte central do rim e contém numerosos ductos coletores de urina.

c) A _____ renal é uma cavidade em forma de funil cuja função é coletar e conduzir a urina até os _____, tubos que fazem parte das vias urinárias.

d) A _____ urinária é uma bolsa muscular na qual se acumula urina antes de ser expelida.

e) A _____ é o canal pelo qual passa urina da bexiga até o exterior do corpo.

S	B	E	X	I	G	A	G	X	T	L	M	R	Q	K	T	N	F	S	Y	Z	F	U
Z	H	N	R	H	L	Z	V	S	V	L	Q	E	C	P	E	L	V	E	D	L	D	O
V	Z	E	G	D	N	Y	Y	K	X	Q	V	S	R	N	V	V	F	F	A	R	N	V
U	W	O	C	X	J	I	T	F	T	M	L	Í	C	N	K	I	E	O	J	E	A	S
L	G	K	C	Ó	R	T	E	X	C	O	R	D	Y	U	I	E	K	C	Y	N	U	T
N	E	I	C	N	N	M	E	D	P	G	J	U	S	I	N	T	V	P	T	U	P	N
T	N	X	W	C	O	Ô	O	R	V	E	X	O	Y	K	L	W	E	A	R	N	S	R
K	U	O	I	G	N	O	M	M	B	V	M	S	B	K	H	W	G	I	P	I	F	H
K	R	H	L	H	B	S	H	I	T	S	S	M	Y	X	J	E	M	A	K	T	E	E
O	E	R	T	E	U	C	C	Z	C	S	N	A	E	V	N	É	F	R	O	N	S	M
B	T	J	C	J	E	F	B	Y	L	A	T	R	V	S	S	C	R	X	H	Z	V	U
J	E	M	S	Y	S	H	C	K	T	N	M	Í	Y	L	B	N	G	J	I	A	B	Y
F	R	T	W	N	E	O	B	Q	L	G	C	T	S	H	N	S	Z	U	I	Ç	I	G
Q	E	X	C	C	S	G	B	Q	N	U	A	I	E	O	U	D	E	R	Q	Ã	J	H
M	S	L	A	A	D	M	B	A	G	E	K	M	F	P	R	V	B	E	S	O	M	O
Y	L	D	T	S	T	R	E	S	U	B	U	O	Y	P	A	B	G	T	U	X	T	F
Z	H	N	D	M	C	J	S	X	S	C	Y	S	A	I	J	U	R	R	J	R	I	Z
E	W	T	N	V	G	W	Z	R	F	H	E	C	L	Y	A	Q	G	A	T	S	O	O
W	W	T	L	M	E	D	U	L	A	M	G	S	Y	H	I	K	Z	X	S	Q	N	C
P	H	G	F	N	N	M	P	U	Z	V	Z	I	H	N	A	F	M	H	N	Z	X	A
S	D	Q	H	W	X	C	R	E	R	V	V	T	T	U	W	U	R	I	N	A	D	K

12. Assinale (V) para as afirmações verdadeiras e (F) para as falsas, corrigindo-as.

a) ( ) Os produtos do metabolismo celular são chamados de excretas e o processo de eliminação é denominado excreção.

b) ( ) A excreção é realizada por três sistemas: o sistema respiratório, o sistema digestório e o sistema urinário.

c) ( ) As vias urinárias transportam a urina e a armazenam até a sua eliminação para o meio externo.

d) ( ) O rim é formado por: córtex renal, medula renal e pelve renal.

e) ( ) Os néfrons são responsáveis somente pela filtração do sangue.

f) ( ) As células sanguíneas e algumas proteínas passam para o néfron, tornando-se parte do filtrado, sendo eliminadas na urina.

g) ( ) Na etapa da reabsorção, parte da água e dos nutrientes é reabsorvida e volta ao sangue pelos capilares.

_____
_____
_____
_____

13. Observe a imagem a seguir e faça o que se pede.

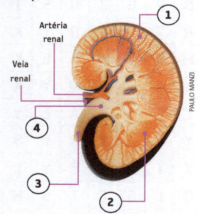

a) Qual órgão do sistema urinário está representado na imagem?
_____
_____

b) Identifique as estruturas indicadas de 1 a 4.
_____
_____

c) Na região em destaque são encontrados mais de um milhão de _____.

14. Observe a imagem a seguir e faça o que se pede.

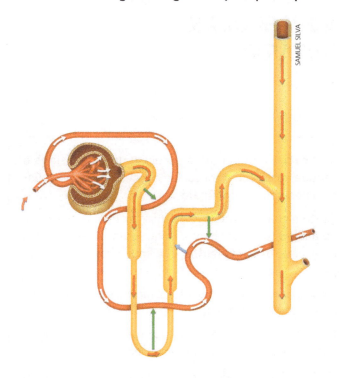

a) Qual é o nome dessa estrutura?
_____

b) Onde essa estrutura está localizada?
_____

c) Qual é a sua função?
_____

d) Circule os locais em que está ocorrendo reabsorção de água e de nutrientes e, depois, faça um **X** na estrutura responsável pela excreção da urina.

15. Complete a cruzadinha, retomando os temas estudados nesta Unidade.

Vertical

1. Intestino em que ocorre a maior parte da absorção de nutrientes.
2. Parte do rim em que o sangue é filtrado.
3. Nome do sistema responsável pela digestão.

Horizontal

4. Nome do sistema responsável pela eliminação de urina.
5. Nome do sistema responsável pela respiração.
6. Gás captado pelo sangue nos alvéolos pulmonares.

UNIDADE 2 SISTEMAS CARDIOVASCULAR, LINFÁTICO E IMUNITÁRIO

RECAPITULANDO

- O **sistema cardiovascular** é responsável pela circulação do sangue no organismo, incluindo, além do **sangue**, **vasos sanguíneos** e **coração**.
- Os vasos sanguíneos podem ser de três tipos: **artérias**, **veias** e **capilares sanguíneos**.
- As **artérias** são grossas e elásticas, o que permite que elas suportem a elevada pressão do sangue bombeado pelo coração.
- As **veias** possuem menor calibre que as artérias, sendo responsáveis por levar o sangue dos tecidos ao coração.
- Os **capilares sanguíneos** são vasos com diâmetro muito menor que o das veias e o das artérias.
- O **sangue** é um líquido viscoso, de cor avermelhada, que circula por todo o organismo, transportando diferentes tipos de material. Ele é composto de uma parte líquida – o **plasma** – e de elementos sólidos – **células sanguíneas** e **plaquetas**.
- O **plasma** é constituído de água, na qual estão dissolvidos nutrientes, gás oxigênio, gás carbônico e hormônios, além de resíduos produzidos pelas células, que precisam ser eliminados.
- As células sanguíneas podem ser de dois tipos: os **glóbulos vermelhos** ou **hemácias** e os **glóbulos brancos** ou **leucócitos**.
- As **plaquetas** são fragmentos de células da medula óssea muito menores que as células sanguíneas que promovem a **coagulação sanguínea**, evitando a perda de sangue pelo organismo.

- O **coração** é um órgão musculoso que impulsiona o sangue para todo o corpo. Ele é formado por um músculo potente, o **miocárdio**.
- Existem quatro cavidades no coração: duas superiores, os **átrios**, que recebem o sangue das veias, e duas inferiores, os **ventrículos**, que impulsionam o sangue para as artérias.
- O **ciclo cardíaco** é o conjunto de movimentos alternados de **sístole** e de **diástole**.
- O sangue percorre o corpo por meio da **circulação sanguínea**, passando duas vezes pelo coração.
- Na **pequena circulação** ou **circulação pulmonar**, o sangue vai do coração para os pulmões e retorna deles para o coração.
- Na **grande circulação** ou **circulação geral**, o sangue segue do coração para os órgãos do corpo e deles para o coração.
- O **sistema linfático** é formado pelos vasos linfáticos e por estruturas como **linfonodos**, **timo**, **baço** e **tonsilas**. Ele é importante na defesa do organismo.
- O **sistema imunitário** é constituído por estruturas e células de defesa, entre as quais se destacam os glóbulos brancos.
- A imunização artificial é composta de **soros** e **vacinas**. Os **soros** contêm anticorpos prontos para combater uma doença. Já as **vacinas** contêm microrganismos mortos ou inativos que protegem o corpo em caso de uma segunda exposição à doença.

1. Complete o diagrama com componentes do sistema cardiovascular.

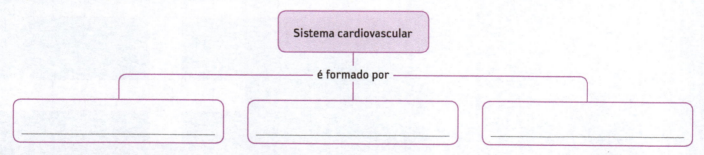

2. Indique os tipos de vasos do sistema cardiovascular e explique suas funções.

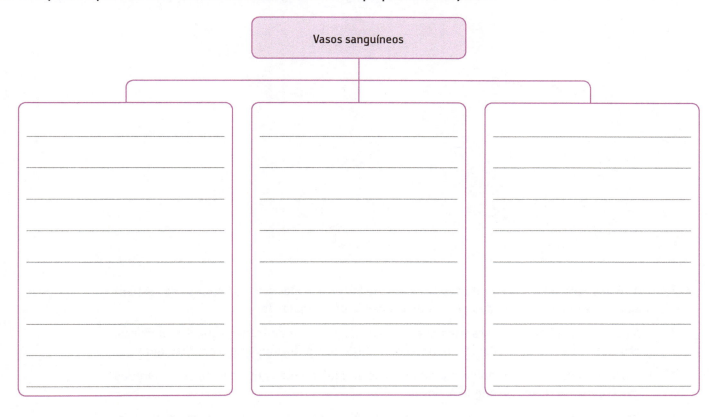

3. Complete o diagrama a seguir com os componentes do sangue.

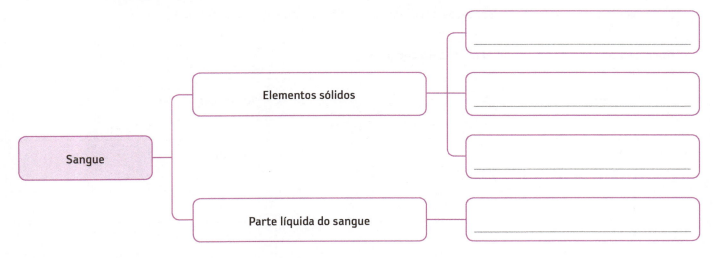

4. Ligue a célula à sua respectiva função.

Glóbulos vermelhos   Promovem a coagulação sanguínea.

Plaquetas   Participam da defesa do organismo.

Glóbulos brancos   Transportam oxigênio.

5. Observe as etapas do processo de coagulação do sangue. Em seguida, ordene-as.

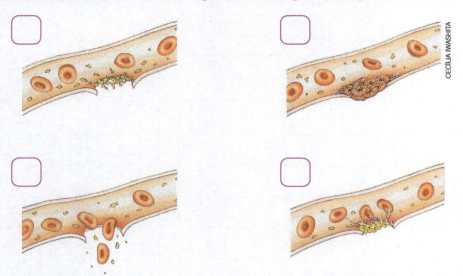

6. Com base nas respostas apresentadas na atividade anterior, relacione as imagens às respectivas descrições de cada uma das etapas do processo de coagulação.

( ) As plaquetas liberam substâncias que, mediante uma série de transformações químicas, provocam a transformação de um material do plasma – o fibrinogênio – em filamentos.

( ) A primeira reação ao rompimento de um vaso sanguíneo é a contração de suas paredes para reduzir o fluxo de sangue no local.

( ) Os filamentos formam uma rede que captura as células sanguíneas, produzindo um coágulo, que é reabsorvido à medida que o vaso sanguíneo vai cicatrizando.

( ) As plaquetas entram em contato com a parede danificada do vaso e aderem a ela.

7. Descreva as características das partes do coração.

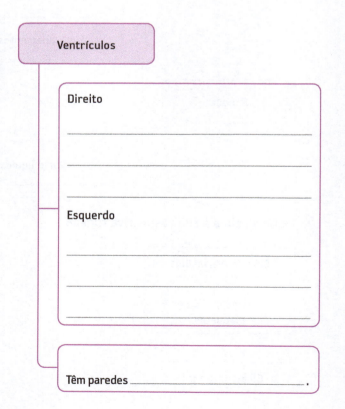

8. Observe a imagem do coração a seguir e faça o que se pede.

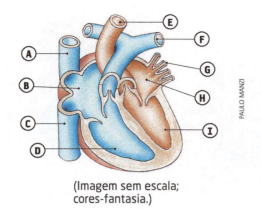

(Imagem sem escala; cores-fantasia.)

a) O coração é formado por quatro _____, dois _____ e dois _____.

b) Nomeie as estruturas indicadas pelas letras.

_____
_____
_____
_____
_____

c) As paredes do coração são formadas por um músculo potente, o _____.

d) Em quais estruturas do coração temos sangue rico em gás oxigênio?

_____
_____
_____
_____
_____

e) Indique, na própria imagem, onde estão localizadas as valvas.

f) Qual é a função das valvas no coração?

_____
_____
_____
_____
_____

9. Complete com o nome dos eventos que compõem o ciclo cardíaco.

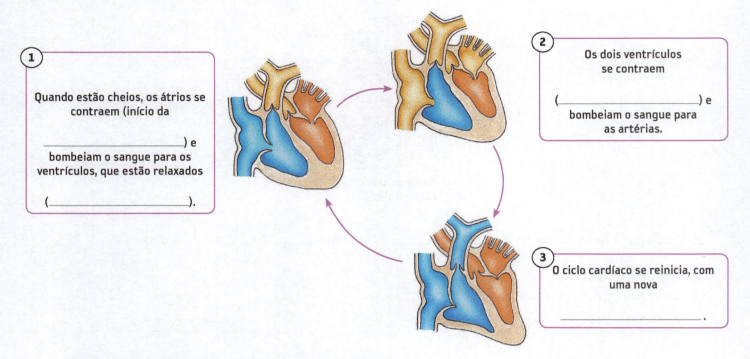

1 Quando estão cheios, os átrios se contraem (início da _____) e bombeiam o sangue para os ventrículos, que estão relaxados (_____).

2 Os dois ventrículos se contraem (_____) e bombeiam o sangue para as artérias.

3 O ciclo cardíaco se reinicia, com uma nova _____.

10. Observe o esquema a seguir e faça o que se pede.

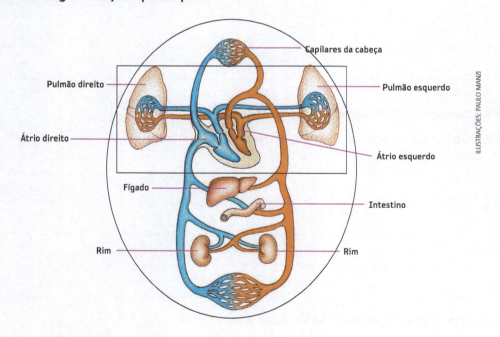

a) O que a imagem está representando?

_____

_____

b) Identifique o que está em destaque no retângulo e no círculo, respectivamente.

_____

_____

11. Complete as frases a seguir. Depois, encontre as palavras no diagrama.

a) Os _____ são estruturas arredondadas que estão distribuídas por todo o corpo e contêm glóbulos brancos.

b) O _____ é um órgão no qual se concentram linfócitos em formação e amadurecimento.

c) As _____ são órgãos que ficam na entrada das vias respiratórias, participando das respostas imunitárias contra materiais estranhos inalados ou ingeridos.

d) O _____ é um órgão rico em linfonodos. Suas células fagocitam glóbulos vermelhos ou plaquetas danificadas ou envelhecidas.

e) A _____ é conduzida lentamente pelos vasos linfáticos até retornar à circulação sanguínea e se misturar com o _____.

f) Os linfonodos atuam como filtro, retendo partículas que são aprisionadas e digeridas pelos _____.

g) Quando ocorre uma _____, os linfócitos dos linfonodos se multiplicam e levam essas estruturas a inchar, formando o que popularmente é denominado _____.

S	R	A	W	G	S	L	I	N	F	E	C	Ç	Ã	O	T	N	F	S	Y	Z	F	U
Z	H	N	R	H	L	Z	V	S	V	L	Q	E	C	P	E	L	V	E	D	L	D	O
V	Z	E	G	D	N	Y	Y	K	X	Q	V	S	R	N	V	V	T	I	M	O	N	V
U	L	O	C	X	B	I	T	F	T	M	L	Í	C	N	K	I	E	O	J	E	A	S
L	I	K	C	O	A	T	E	X	C	O	R	D	Y	U	I	E	K	C	Y	N	U	T
N	N	I	C	N	Ç	M	E	D	P	G	J	U	S	I	N	T	V	P	T	U	P	N
T	F	X	W	C	O	Ô	O	R	V	E	X	O	Y	K	L	W	E	A	R	N	S	R
K	Ó	O	I	G	N	O	M	M	B	V	M	S	L	I	N	F	A	I	P	I	F	H
K	C	H	L	H	B	S	H	I	T	S	S	M	Y	X	J	E	M	A	K	T	E	E
O	I	R	T	E	U	C	C	Z	C	X	N	A	E	V	N	G	H	R	O	N	S	M
B	T	J	C	J	E	F	B	Y	L	O	T	R	V	S	S	C	R	X	H	Z	V	U
J	O	M	S	Y	S	H	Í	N	G	U	A	Í	Y	L	B	N	G	J	I	S	B	Y
F	S	T	W	N	E	O	B	Q	L	V	C	T	S	H	N	S	Z	S	I	A	I	G
Q	W	X	C	C	S	G	B	Q	N	D	A	I	E	O	U	D	E	W	Q	N	J	H
M	D	L	A	A	D	M	B	A	G	S	K	M	F	P	R	V	B	G	S	G	M	O
Y	L	D	T	O	N	S	I	L	A	S	U	O	Y	P	A	B	G	V	U	U	T	F
Z	H	N	D	M	C	J	S	X	S	C	Y	S	A	I	J	U	R	D	J	E	I	Z
E	W	T	N	V	G	W	Z	R	F	H	E	C	L	Y	A	Q	G	E	T	S	O	O
W	W	T	L	M	E	D	U	L	A	M	G	S	Y	H	I	K	Z	X	S	Q	N	C
S	D	Q	H	W	X	C	R	E	L	I	N	F	O	N	O	D	O	S	I	P	D	K

12. Descreva a sequência de eventos da ação do sistema imunitário em um ferimento.

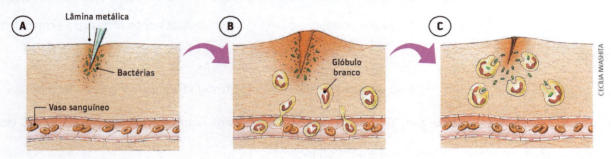

_____
_____
_____

13. Complete as frases e preencha a cruzadinha com os problemas relacionados ao sistema imunitário.

1. O _____ é uma doença crônica que causa alterações no sistema imune.

2. _____ é a substituição de um tecido ou órgão.

3. A _____ é uma reação exagerada do sistema imunitário a uma substância estranha ao organismo.

4. As reações alérgicas são causadas por determinadas substâncias, denominadas _____.

5. A _____ é uma doença que se manifesta após a infecção pelo vírus HIV.

6. A _____ é a falha do sistema de defesa do organismo humano contra microrganismos invasores.

14. Descreva as diferenças entre os dois tipos de imunização artificial: soro e vacina.

_____

15. Relacione as doenças do sistema cardiovascular aos respectivos diagnósticos.

(1) Aterosclerose

(2) Leucemia

(3) Hipertensão

( ) A pressão sanguínea ou pressão arterial aumenta anormalmente.

( ) Diminuição do diâmetro das artérias, pelo acúmulo de materiais em suas paredes internas.

( ) Uma forma de câncer cuja principal característica é a formação anormal de glóbulos brancos.

16. Analise o diagnóstico dos três pacientes a seguir, indicando qual é a doença relacionada ao sistema linfático.

Paciente 1: apresenta os membros inferiores inchados em razão do acúmulo excessivo de líquido que não retorna à circulação sanguínea.

_____

Paciente 2: apresenta inflamação aguda na garganta, provocada provavelmente por vírus ou bactérias. As tonsilas ficam maiores e com pontos brancos ou amarelos cheios de pus.

_____

Paciente 3: apresenta febre e perda de massa corpórea. Além disso, as células perdem a função e passam a se reproduzir indiscriminadamente, acometendo as células do tecido linfático.

_____

UNIDADE 3 SISTEMAS ESQUELÉTICO, MUSCULAR, NERVOSO E ENDÓCRINO

RECAPITULANDO

- O **sistema esquelético** é o conjunto de **ossos** e **peças cartilaginosas** envolvido com a sustentação, a proteção e a movimentação do corpo humano.
- O **tecido ósseo** se organiza em órgãos, os ossos, que juntos formam o esqueleto.
- Os **ossos** são compostos de células – os **osteócitos** – e **matriz óssea**. As células dos ossos são vivas e nutridas por vasos sanguíneos.
- As **articulações** ficam entre os ossos e podem apresentar **cartilagens** e **ligamentos**.
- A **cartilagem** é um tipo de tecido mais mole que o ósseo, porém com certa resistência, diminuindo o atrito e o desgaste dos ossos.
- Os **ligamentos** são faixas de tecido fibroso que impedem que os ossos saiam do lugar.
- O **tecido muscular** é constituído por células – os **miócitos** – capazes de contrair ou alongar; são responsáveis pelos movimentos dos músculos.
- Os músculos são classificados em: **músculos estriados esqueléticos** – responsáveis pela movimentação do corpo; **músculo estriado cardíaco** – responsável pelos batimentos do coração; e **músculos não estriados** ou **lisos** – responsáveis pelos movimentos de órgãos internos.
- Apesar de serem muito resistentes, os ossos, as articulações e os músculos estão sujeitos a **lesões**.
- O **sistema nervoso** integra todos os estímulos recebidos pelo corpo e coordena suas funções e ações.
- A unidade estrutural e funcional do sistema nervoso é o **neurônio** – célula altamente especializada na transmissão e integração de mensagens recebidas do ambiente.
- O sistema nervoso pode ser dividido em: **sistema nervoso central** – formado pelo encéfalo e a medula espinal – e **sistema nervoso periférico** – constituído de nervos e gânglios nervosos que conectam o sistema central ao resto do corpo.
- O **sistema endócrino** é composto de **glândulas endócrinas**, estruturas que produzem e secretam hormônios.
- Os **hormônios** são essenciais para a regulação de diversos processos corpóreos.
- Doenças degenerativas, como a **doença de Parkinson** ou a **doença de Alzheimer**, são exemplos de algumas doenças que acometem o sistema nervoso.
- O excesso ou a falta de um hormônio, ou mesmo a dificuldade de ele ser reconhecido pelas células, desencadeia as chamadas **disfunções hormonais**.

1. Descreva no diagrama os componentes do sistema esquelético.

2. Observe a imagem a seguir e faça o que se pede.

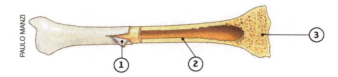

a) Qual órgão a imagem está representando?
___
___

b) Quais são os principais componentes desse órgão?
___
___

c) Identifique as estruturas indicadas pelos números 1, 2 e 3.
___
___
___

d) Onde está localizada a medula óssea amarela?
___
___

e) Onde está localizada a medula óssea vermelha?
___
___

3. Leia a frase a seguir e responda à questão.

Pacientes com leucemia têm buscado esperança de cura no transplante de medula óssea.

- Por que o transplante de medula óssea pode ser uma opção de cura para os pacientes com leucemia? Justifique sua resposta.
___
___
___
___
___

4. Observe as imagens a seguir e identifique os tipos musculares que compõem cada uma das estruturas representadas.

_____

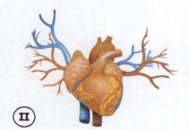

_____

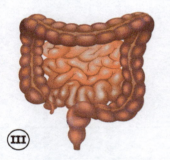

_____

5. Circule os termos adequados sobre as características dos músculos identificados na atividade anterior.

a) Na **imagem I**, os músculos se contraem rápido/devagar e de forma voluntária/involuntária.

b) A contração do músculo da **imagem II** ocorre de forma lenta/rápida e voluntária/involuntária.

c) Os músculos da **imagem III** têm contração lenta/rápida e de forma voluntária/involuntária.

6. Analise as imagens a seguir. Depois, faça a associação correta.

(1) Músculo distendido ( )
(2) Músculo contraído

( )

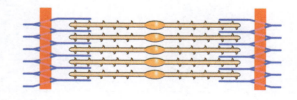

7. Defina as lesões nas estruturas locomotoras presentes no quadro a seguir.

LESÕES	DEFINIÇÕES
Entorse	
Luxação	
Fratura	
Estiramento	
Tendinite	

8. Analise as descrições a seguir e indique as respectivas nomenclaturas.

> Dispositivos internos ou externos implantados no corpo para suprir a falta de um órgão ou restaurar uma função comprometida, como pernas e braços mecânicos.

> Aparelhos usados para imobilizar ou auxiliar nos movimentos. Podem ser temporários, para a recuperação de um ligamento ou de um osso, ou duradouros, para deficiências permanentes.

9. Descreva o modo de atuação de cada tipo de neurônios.

Neurônios sensitivos

Neurônios motores

Neurônios associativos

10. Observe a imagem a seguir e faça o que se pede.

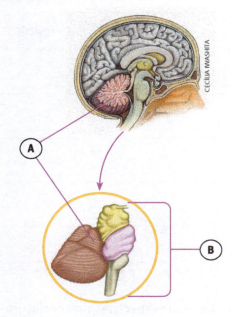

a) As estruturas representadas fazem parte do _____.

b) Que parte do sistema nervoso a imagem está representando?
_____
_____

c) O _____ é protegido pelos ossos do crânio e por três membranas sobrepostas, as _____.

d) Quais órgãos estão indicados pelas letras **A** e **B**?
_____

11. Preencha o diagrama a seguir com os componentes do sistema nervoso central.

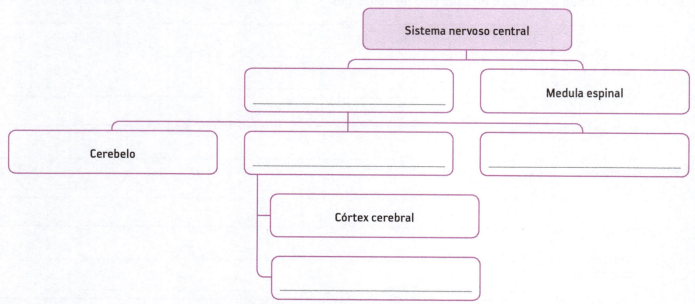

12. Localize os termos no diagrama e utilize-os para preencher as lacunas das frases a seguir.

[word search diagram]

a) O _____ é o órgão mais volumoso do encéfalo e divide-se em dois hemisférios: direito e esquerdo.

b) O _____ é uma área do cérebro encarregada de coordenar órgãos internos e atividades de manutenção do corpo.

c) O _____, além de ajudar a coordenar os movimentos dos músculos, atua no controle do equilíbrio e da postura do corpo.

d) O sistema nervoso periférico é constituído de _____ e _____ nervosos.

e) Os nervos são conjuntos de _____ e _____ que levam mensagens dos órgãos receptores para o sistema nervoso central ou do sistema nervoso central para os órgãos efetores.

f) Os nervos _____ estão ligados ao encéfalo e os nervos _____ estão ligados à medula.

13. Preencha o ciclo a seguir com as etapas do controle de glicose no sangue.

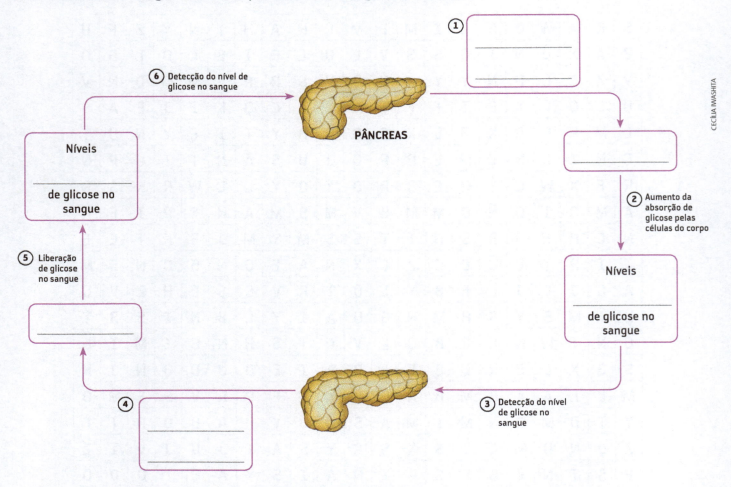

14. Associe as glândulas endócrinas aos respectivos hormônios.

Pâncreas	Testosterona
Ovários	Insulina e glucagon
Testículos	Hormônios tiroxina (T4) e tri-iodotironina (T3)
Tireoide	Estrógeno e progesterona

15. Complete as frases e, depois, preencha a cruzadinha.

1. Doença de _____ é uma doença degenerativa que causa tremores e afeta os movimentos.

2. O hipertireoidismo é causado pelo excesso de produção de hormônios pela glândula _____.

3. O hipotireoidismo é causado pela _____ na produção dos hormônios tireoicianos.

4. A _____ é o estado de apatia e de falta de disposição sem motivo aparente.

5. Doença de _____ é uma doença degenerativa que causa perda de memória, da fala e/ou da percepção.

6. O _____ é causado pela falta de produção e/ou ação insuficiente da insulina.

UNIDADE 4 REPRODUÇÃO E ADOLESCÊNCIA

RECAPITULANDO

- A **reprodução** é uma estratégia usada por diversos seres vivos para gerar novos indivíduos. Ela pode ocorrer sem a mistura de material genético – **reprodução assexuada** – ou envolvendo a mistura de material genético – **reprodução sexuada**.
- A reprodução sexuada envolve células reprodutivas que se chamam **gametas**.
- A **puberdade** marca o amadurecimento dos órgãos sexuais em mudanças mediadas pelos **hormônios sexuais**.
- O **sistema genital masculino** é formado por testículos, ductos genitais, pênis e as glândulas sexuais acessórias.
- A principal função do sistema genital masculino é a produção de gametas – os **espermatozoides**.
- O **sistema genital feminino** é formado por ovários, tubas uterinas, útero, vagina e pudendo feminino.
- A principal função do sistema genital feminino é a produção de gametas – os **ovócitos**, além da **produção de hormônios** e da **nutrição e acomodação do feto** até o nascimento.
- Os **métodos anticoncepcionais** ou **contraceptivos** impedem a fecundação ou implantação do embrião no útero e são classificados de acordo com o mecanismo de atuação, podendo ser de barreira, comportamentais, hormonais, cirúrgicos ou intrauterinos.
- A camisinha ou preservativo masculino e a camisinha feminina, além de serem contraceptivos, protegem os parceiros das infecções sexualmente transmissíveis.
- As **infecções sexualmente transmissíveis**, causadas por bactérias, vírus ou outros agentes patogênicos, podem ser transmitidas durante o ato sexual.
- No **ciclo menstrual** ocorrem a maturação do ovócito e a preparação do útero, o que leva cerca de 28 dias.
- O ciclo menstrual é dividido em etapas: **ovulação**, **fecundação** e **menstruação** ou **nidação**.
- A **fecundação** ou **fertilização** consiste na união do ovócito com o espermatozoide.
- A **gravidez** ou **gestação** tem início quando o ovócito é fecundado e termina quando a mulher dá à luz.
- Após a fecundação, o zigoto passa por divisões celulares e recebe o nome de **embrião**.
- Os **anexos embrionários** são estruturas encarregadas de proteger e nutrir o feto.

1. Preencha o diagrama a seguir.

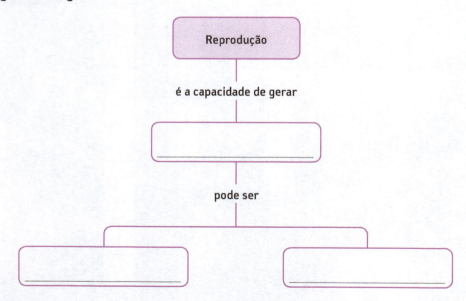

2. Observe as imagens a seguir e faça o que se pede.

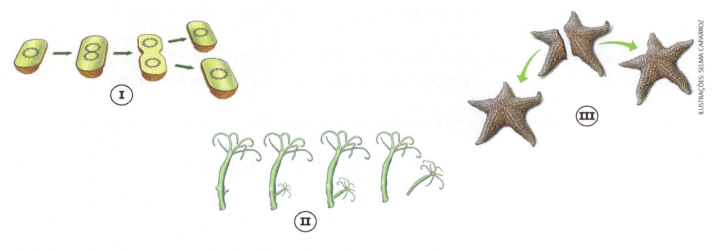

a) Qual é o tipo de reprodução representado nas imagens?

_____

_____

b) **I**, **II** e **III** indicam alguns processos desse tipo de reprodução. Identifique-os.

_____

_____

3. Observe as imagens a seguir e faça o que se pede.

a) Qual é o nome do processo reprodutivo representado na imagem?

_____

_____

b) Descreva como ocorre a reprodução nesse processo.

_____

_____

_____

_____

4. Analise as frases a seguir, marcando (V) para as verdadeiras e (F) para as falsas, corrigindo-as.

a) (   ) A fragmentação é a capacidade que alguns animais têm de reconstituir suas partes formando novos indivíduos.

b) (   ) A reprodução sexuada produz indivíduos geneticamente diferentes dos pais.

c) (   ) As bactérias podem doar pedaços de DNA a outras em um tipo de reprodução assexuada chamado conjugação.

d) (   ) A reprodução assexuada gera indivíduos geneticamente diferentes daqueles que os geraram.

e) (   ) Animais como hidra ou as esponjas podem se reproduzir por brotamento.

_____
_____
_____
_____

5. Analise os gráficos a seguir e responda à questão.

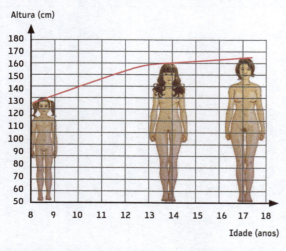
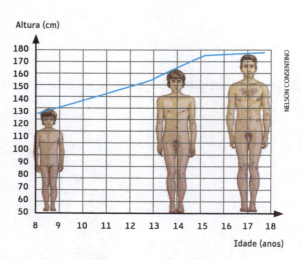

- Quais são as principais mudanças que ocorrem no corpo feminino e no corpo masculino durante a puberdade?

_____
_____
_____
_____
_____
_____

6. Observe a imagem a seguir e faça o que se pede.

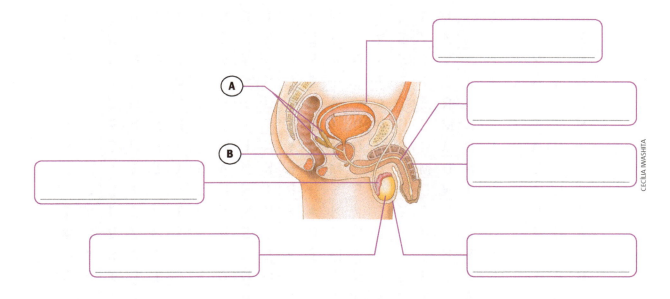

a) A imagem está representando o _____.

b) Identifique no esquema os órgãos indicados.

c) Os _____ são produzidos nos _____, que apresentam numerosos tubos, os _____.

d) Onde os espermatozoides ficam armazenados e completam seu desenvolvimento?
_____
_____

e) Quais órgãos estão identificados por **A** e **B**?
_____

f) Qual é o hormônio sexual masculino? Onde ele é produzido?
_____

g) Qual estrutura pertence a mais de um sistema? Que sistemas são esses?
_____
_____

7. Complete o diagrama com o caminho do espermatozoide desde sua produção até a ejaculação.

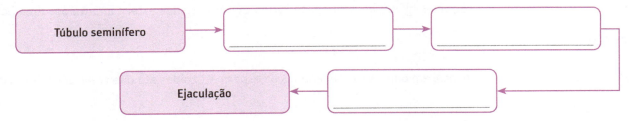

8. Localize os termos no diagrama e complete as lacunas das frases a seguir.

[word search diagram]

a) As _____ produzem um líquido viscoso, chamado de _____, que nutre os espermatozoides e facilita sua mobilidade.

b) A _____ produz um líquido leitoso, que tem a função de neutralizar a acidez dos resíduos de urina e das secreções vaginais.

c) O _____ é um órgão de forma cilíndrica com uma dilatação na extremidade. Essa região é chamada de _____ e é recoberta por uma pele, o _____.

d) A _____ conduz os espermatozoides até o meio externo.

e) Os _____ são duas glândulas sexuais de forma oval protegidas externamente por uma bolsa de pele, o _____.

f) O _____ é o local em que são armazenados os espermatozoides até que completem o seu desenvolvimento.

9. Observe a imagem a seguir e faça o que se pede.

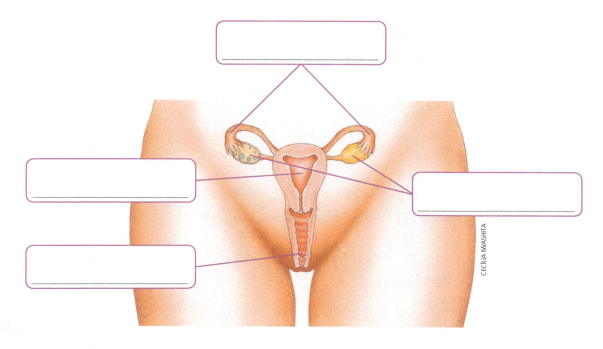

a) A imagem está representando o _____.

b) Identifique no esquema os órgãos internos indicados.

c) Os _____ são produzidos e armazenados nos _____.

d) Qual é a função desse sistema?
_____
_____

e) Quais são os hormônios sexuais femininos? Onde ele é produzido?
_____

10. Complete o diagrama a seguir com diferentes tipos de métodos anticoncepcionais.

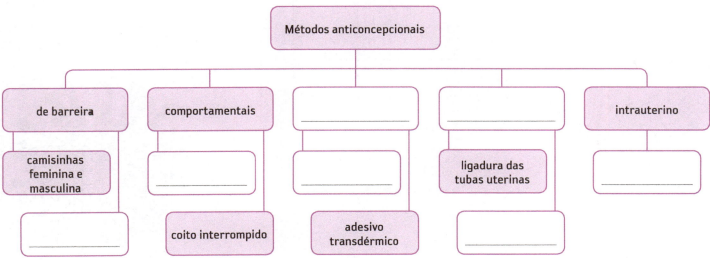

11. **Complete as frases e, depois, preencha a cruzadinha.**

1. O _____ caracteriza-se por pequenas bolhas na área genital, que formam feridas e, após um tempo variável, desaparecem sem deixar cicatrizes.

2. A _____ é provocada por fungos do gênero *Candida*.

3. O paciente com _____ sofre a destruição de um tipo de linfócito, componente fundamental do sistema imunitário.

4. A _____ é causada por uma bactéria, podendo ser transmitida por contato sexual, pela placenta (de mãe para filho) e por transfusão de sangue.

5. O vírus da _____ infecta as células do fígado e pode causar diversas formas da doença (aguda, crônica e fulminante).

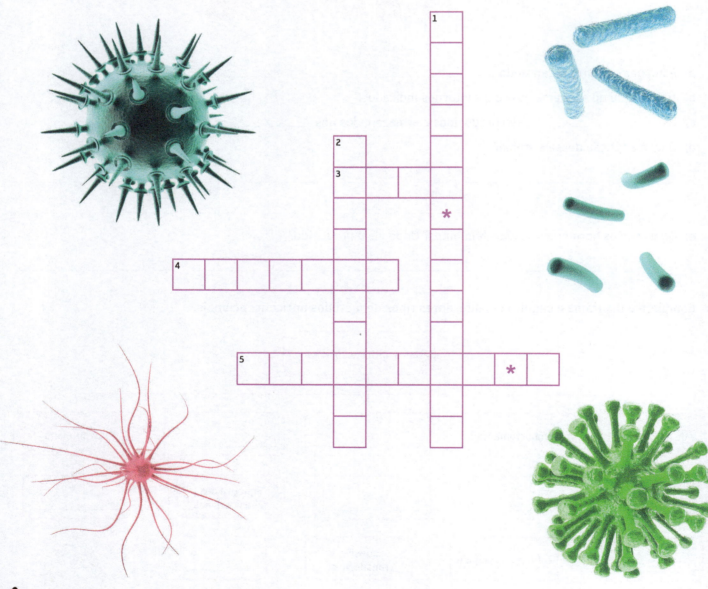

12. Observe o esquema a seguir com as etapas do ciclo menstrual de 28 dias e faça o que se pede.

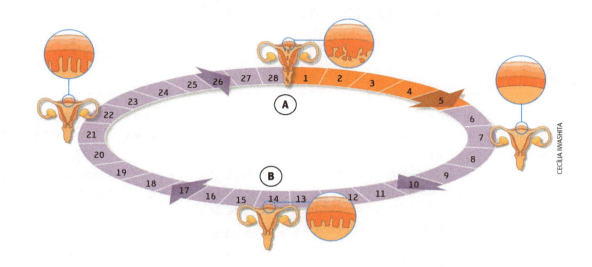

a) Que etapas do ciclo menstrual estão indicadas com as letras **A** e **B**?
_____

b) Descreva o que ocorre com o útero nesses dois momentos do ciclo menstrual.
_____
_____
_____
_____

c) Qual é o dia aproximado, nesse ciclo menstrual, em que teremos o espessamento máximo da parede do útero?
_____

13. Observe a imagem a seguir e identifique os anexos embrionários.

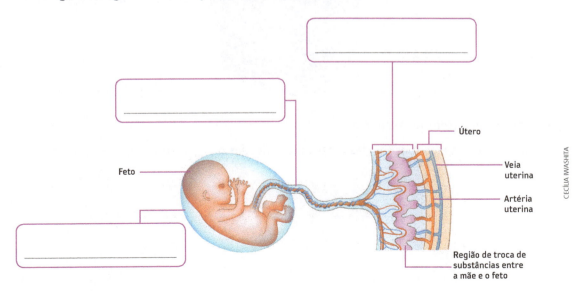

UNIDADE 5 INTRODUÇÃO À GENÉTICA

RECAPITULANDO

- O **núcleo** é a estrutura celular eucariótica na qual a maior parte do material genético está armazenada.
- O **material genético** contém informações hereditárias, ou seja, que podem ser transmitidas de geração em geração, e estão relacionadas às características e ao funcionamento dos organismos dos seres vivos.
- A molécula de **DNA** é constituída de um tipo de açúcar (desoxirribose), fosfato e bases nitrogenadas – adenina (A), guanina (G), citosina (C) e timina (T) – e organizada em duas cadeias que se apresentam em um formato helicoidal (dupla-hélice).
- A sequência de bases nitrogenadas de todas as moléculas de DNA de um ser vivo é denominada **genoma**.
- O **gene** corresponde a uma região da molécula **DNA** responsável pela produção da molécula de **RNA**.
- O **RNA** é uma molécula composta de uma cadeia formada por um tipo de açúcar (ribose), fosfato e bases nitrogenadas – adenina (A), guanina (G), citosina (C) e uracila (U).
- O DNA encontra-se sempre associado a proteínas, formando os **cromossomos**, cujo número varia em cada espécie de ser vivo.
- A **célula diploide** possui cromossomos aos pares, enquanto as **células haploides** possuem um cromossomo de cada tipo.
- O **cariótipo** é uma técnica que estuda o número e a estrutura dos cromossomos de uma espécie.
- Há um par de cromossomos nas pessoas que difere entre os indivíduos do sexo masculino e do feminino – os **cromossomos sexuais**.
- Alterações do número ou da forma de cromossomos desencadeiam **síndromes cromossômicas**.
- A **divisão celular** é o processo pelo qual as células se multiplicam. Existem dois tipos de divisão celular: a **mitose** e a **meiose**.
- As **células-tronco** são células indiferenciadas que têm potencial para formar vários tipos de célula.

1. Observe o núcleo celular e faça o que se pede.

a) Identifique as partes indicadas no esquema.

b) Descreva as características e as funções das partes identificadas no item anterior.

_____
_____
_____
_____

2. Indique as bases nitrogenadas e as características estruturais das moléculas de DNA e de RNA.

DNA
- Bases nitrogenadas: _____
- Características estruturais: _____

RNA
- Bases nitrogenadas: _____
- Características estruturais: _____

3. O esquema a seguir representa o pareamento típico de bases nitrogenadas de uma molécula de DNA. Observe e faça o que se pede.

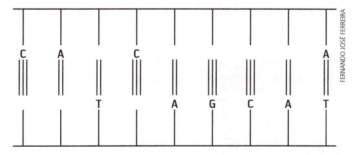

a) Reproduza o esquema completando com as bases nitrogenadas que estão faltando nesse trecho da molécula de DNA.

b) Para essa sequência de DNA do item anterior, quais seriam as possíveis sequências de bases das moléculas de RNA?

_____
_____
_____

4. Preencha as lacunas com os termos adequados listados a seguir.

> RNA   genoma   gene   ribose   proteínas   desoxirribose

a) O _____ é a sequência de bases nitrogenadas de todas as moléculas de DNA de um ser vivo.

b) Um _____ corresponde a uma região da molécula de DNA, que é responsável pela produção de uma molécula de _____.

c) No RNA, o açúcar que compõe sua cadeia é a _____. Já no DNA, o tipo de açúcar é a _____.

d) As moléculas de RNA podem conter informações para a produção de _____ nas células.

5. Organize as palavras do quadro a seguir no diagrama, da menor unidade para a maior.

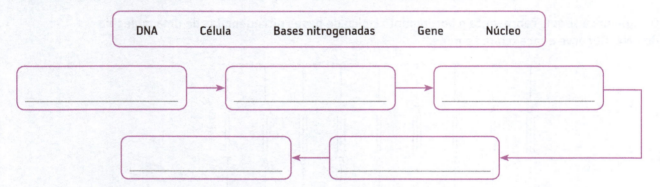

6. Preencha o quadro a seguir com as diferenças entre as células haploides e as células diploides.

Células haploides	Células diploides

7. Localize os termos no diagrama e complete as lacunas das frases a seguir.

S	R	A	W	G	A	M	E	T	A	S	M	R	Q	K	N	F	S	Y	Z	F
Z	H	N	A	F	G	U	L	G	N	E	Q	E	C	S	E	E	U	D	L	D
V	Z	R	G	D	N	Y	Y	K	X	Q	V	S	R	N	V	F	F	I	R	N
U	W	O	C	X	J	I	T	F	T	M	L	Í	C	N	I	E	O	P	E	A
F	G	S	I	A	T	E	T	B	S	O	R	D	Y	U	B	K	C	L	N	U
E	E	T	C	R	O	M	O	S	S	O	M	O	S	I	L	V	P	O	U	P
C	C	H	R	I	K	T	L	P	O	E	X	O	Y	K	P	E	A	I	N	S
U	S	T	I	G	N	O	M	M	B	V	M	S	B	K	E	G	I	D	I	S
N	G	A	G	L	A	N	D	U	L	A	S	E	M	I	L	L	A	E	T	E
D	M	R	T	E	U	C	C	Z	C	X	N	A	E	V	C	P	I	S	I	X
A	C	J	C	J	E	F	B	Y	L	O	T	R	V	S	A	R	X	H	Z	U
Ç	B	Z	I	G	O	T	O	K	T	D	M	Í	Y	L	R	G	J	I	A	A
Ã	B	T	W	N	E	O	B	Q	L	V	C	T	S	H	I	Z	S	I	Ç	I
O	W	X	C	C	S	G	B	Q	N	D	A	I	E	O	Ó	E	W	Q	Ã	S
M	D	L	A	A	D	M	B	A	G	S	K	M	F	P	T	B	G	S	O	M
Y	L	D	H	O	M	Ó	L	O	G	O	S	O	Y	P	I	G	V	U	X	T
Z	H	N	D	P	E	N	I	S	S	C	Y	S	A	I	P	R	D	J	R	I
E	W	T	N	V	G	W	Z	R	F	H	E	C	L	Y	O	G	E	T	S	O
W	W	T	L	Y	V	A	W	A	B	M	G	S	Y	H	K	Z	X	S	Q	N
S	D	Q	H	A	P	L	O	I	D	E	S	T	T	U	D	D	I	I	P	D

a) O DNA encontra-se sempre associado a proteínas, formando os _____.

b) As células _____ apresentam os cromossomos aos pares, sendo representadas por 2 n.

c) Os cromossomos _____ apresentam forma e tamanho semelhantes e a mesma sequência de genes.

d) As células _____ apresentam um cromossomo de cada tipo, ou seja, metade do número de cromossomos de uma espécie diploide.

e) Os _____ dos seres humanos têm 23 cromossomos.

f) Na _____ ocorre a união dos gametas, formando o _____ e restabelecendo o número de cromossomos da espécie.

g) Os cromossomos _____, nos mamíferos e em alguns outros animais, diferem entre os indivíduos do sexo masculino e do feminino.

h) O conjunto de cromossomos de uma célula, com características de forma, número e tamanho, constitui o _____.

8. Analise os cariótipos humanos a seguir e responda às questões.

Indivíduo A

Indivíduo B

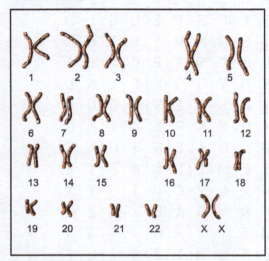
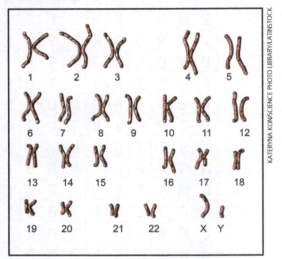

a) O que constitui um cariótipo?

_____

_____

b) O que é possível analisar nos cariótipos?

_____

_____

c) Qual é o sexo dos indivíduos **A** e **B**? Justifique sua resposta identificando nos cariótipos os cromossomos sexuais.

_____

_____

_____

9. Em relação ao processo de divisão celular, analise as frases a seguir, marcando (MI) para o que se refere à mitose e (ME) à meiose.

(   ) Uma célula-mãe origina duas células-filha idênticas a ela, com o mesmo número de cromossomos.

(   ) Em vários seres vivos unicelulares, esse tipo de divisão celular é o meio de reprodução.

(   ) Essa divisão celular dá origem a células que apresentam metade do número de cromossomos da célula-mãe.

(   ) Em seres pluricelulares, ela é responsável pelo crescimento do organismo e pela reposição de células.

(   ) Permite a produção de gametas com diversas combinações de cromossomos.

(   ) As diversas combinações entre os gametas do pai e os gametas da mãe contribuem para a variabilidade genética.

10. Analise as frases a seguir, marcando (V) para as afirmações verdadeiras e (F) para as falsas, corrigindo-as.

a) (   ) As síndromes cromossômicas são alterações no número ou na forma dos cromossomos.

b) (   ) Um indivíduo XXY é portador da síndrome de Down.

c) (   ) Na síndrome de Turner, o indivíduo possui, em vez de dois, três cromossomos 21.

d) (   ) As pessoas com síndrome de Klinefelter são do sexo masculino e apresentam características como órgãos sexuais pouco desenvolvidos.

e) (   ) As pessoas com síndrome de Turner são do sexo feminino e apresentam baixa estatura e infertilidade.

_____

_____

_____

_____

_____

11. Complete as frases e, depois, preencha a cruzadinha.

1. Os portadores da síndrome de _____ possuem apenas um cromossomo X como cromossomo sexual.

2. Os portadores da síndrome de _____ têm três cromossomos 21.

3. A _____ recebe esse nome porque apresenta três cromossomos de um par.

4. Na síndrome de _____, os portadores possuem dois cromossomos X e um Y.

12. Desenhe as etapas dos processos de divisão celular em uma célula 2*n* = 4 indicados por **I** e **II**, classificando-os. Em seguida, identifique os eventos indicados por **A** e **B**.

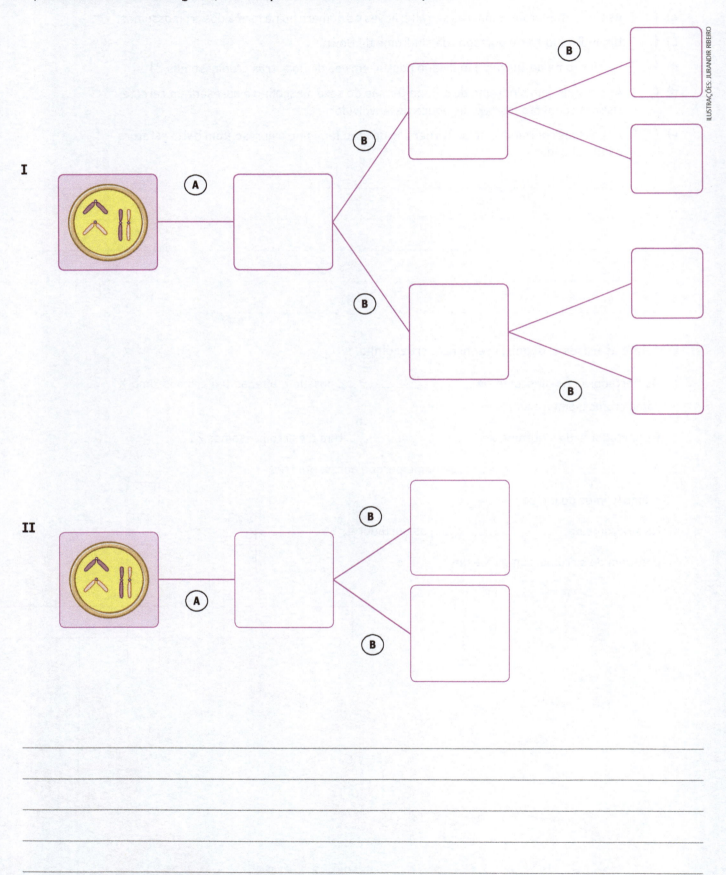

UNIDADE 6 FORÇA E MOVIMENTO

RECAPITULANDO

- O **movimento** ou **repouso** de um corpo depende de um referencial.
- O conjunto de posições ocupadas por um corpo durante seu movimento compõe a sua **trajetória**.
- O **deslocamento** é obtido pela diferença entre as posições final e inicial de um corpo.
- A **velocidade média** é uma grandeza que expressa o deslocamento que um corpo realiza em determinado intervalo de tempo.
- No **movimento uniforme**, a distância percorrida é igual para intervalos de tempos iguais.
- Quando a velocidade de um corpo aumenta, seu movimento é **acelerado**; se a velocidade diminui, o movimento é **retardado**.
- A **aceleração** indica a variação da velocidade por segundo.
- A aceleração que a atração gravitacional impõe aos corpos que caem é a **aceleração gravitacional** ou **aceleração da gravidade**.
- **Força** é qualquer ação capaz de produzir ou alterar movimentos, provocar deformações ou manter o equilíbrio nos corpos.
- O resultado da ação de diferentes forças agindo simultaneamente é chamado de **força resultante**.
- A **força gravitacional** exercida pela Terra sobre os corpos que estão ao seu redor é denominada **força peso**.
- A **força normal** surge na direção perpendicular entre as superfícies de dois corpos que estão em contato.

1. Observe a imagem e preencha as lacunas.

a) O avião está em movimento quando sua posição muda com o passar do _____ em relação ao referencial adotado.

b) Uma pessoa sentada dentro do ônibus em movimento está em _____ em relação ao ônibus.

c) Se um balão está em movimento em relação ao chão, ele pode estar em _____ em relação a outro balão que está ao seu lado, movendo-se na mesma direção e com a mesma velocidade.

43

2. Preencha o quadro com base na imagem a seguir, que mostra a posição de uma atleta e o instante de tempo no qual ela se encontra em cada posição.

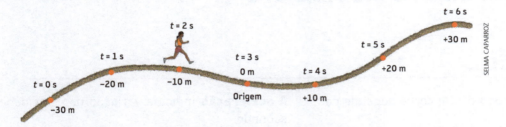

Tempo (t)	Posição (x)
0	
1	
2	
3	
4	
5	
6	

3. Observe a imagem a seguir e responda.

Avião com seu rastro.

- A linha que compõe o rastro deixado pelo avião pode ser considerada sua trajetória? Explique.

4. Observe a imagem a seguir e responda.

Ao passar pela placa de sinalização, em que estão as distâncias entre as cidades, um viajante saberá a distância de Itaporã a Dourados.

- Qual é a distância aproximada entre essas duas cidades?

_____
_____

5. Observe a imagem e faça o que se pede.

- Com base nos seus conhecimentos sobre velocidade média, interprete a informação mostrada na placa de trânsito.

_____
_____
_____
_____

6. A imagem a seguir mostra um veículo em dois instantes diferentes em uma estrada.

t = 0 h   t = 2 h

- Calcule a velocidade média apresentada nesse intervalo de tempo.

_____
_____
_____
_____
_____
_____

7. Defina os tipos de movimento completando o diagrama a seguir.

No movimento
- _____ em cada segundo a mesma distância é percorrida.
- _____ a velocidade varia com o passar do tempo.
- _____ a velocidade de um corpo é constante.
- _____ os movimentos apresentam aceleração.

8. Observe a imagem e faça o que se pede.

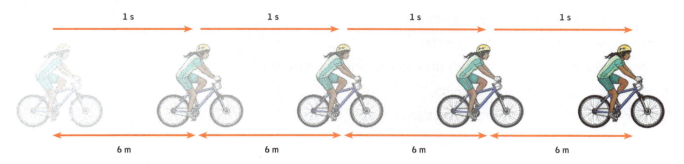

a) Qual é o tipo de movimento representado na imagem?

_____

_____

b) Preencha a tabela com as distâncias percorridas nos seguintes intervalos de tempo.

Tempo (s)	Distância percorrida (m)
1	
2	
3	
4	
10	

c) Calcule a velocidade média no intervalo de $t = 0$ s a $t = 4$ s.

_____

_____

_____

_____

d) Calcule a aceleração no intervalo de $t = 0$ s a $t = 4$ s.

_____

_____

_____

_____

_____

9. Preencha a cruzadinha a seguir.

1. Força que faz os corpos caírem livremente.
2. Faz a velocidade de um corpo aumentar.
3. Movimento em que a velocidade de um corpo diminui constantemente.
4. Medida do deslocamento pelo tempo.
5. Diferença entre a posição final e a posição inicial.

10. Observe as imagens e complete as frases.

- Desconsiderando a resistência do ar, as pessoas, ao cair sob a ação da gravidade, estão em movimento de _____.

- Um ônibus espacial precisa de uma grande _____ _____ para conseguir vencer a gravidade da Terra e entrar em órbita.

11. Observe a imagem que representa 3 corpos em queda livre, analise as afirmações e marque (V) para as verdadeiras e (F) para as falsas.

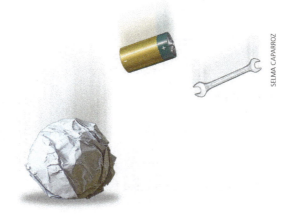

( ) A aceleração do movimento é a mesma para todos os objetos.

( ) A bolinha de papel chega ao solo antes da chave fixa.

( ) A chave fixa chega ao solo antes da pilha.

( ) Os três objetos chegam juntos ao chão.

12. Observe a imagem ao lado. Ela representa o movimento de uma esfera em queda livre.

Se a aceleração da gravidade é de 10 m/s², calcule as velocidades nos pontos **A**, **B** e **C**.

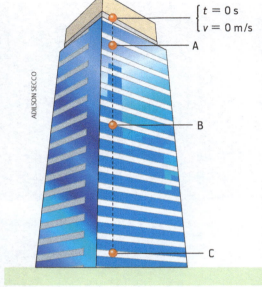

a) No ponto A, quando t = 1 s.

_____

_____

_____

b) No ponto B, quando t = 2 s.

_____

_____

_____

c) No ponto C, quando t = 3 s.

_____

_____

_____

13. Observe a imagem a seguir, analise o quadro e responda às questões.

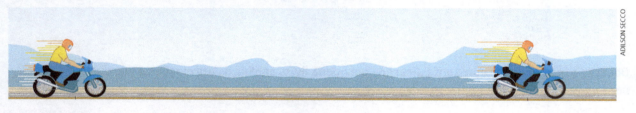

Tempo (s)	0	2	4	6	8	10
Velocidade (m/s)	0	4	8	12	16	20

a) Qual é o tipo de movimento apresentado?

_____

_____

b) Qual será a aceleração da moto no intervalo de t = 2 s a t = 8 s?

_____

_____

_____

_____

14. O gráfico a seguir mostra a variação da velocidade de um carro em movimento. Sabendo disso, analise-o e responda às questões.

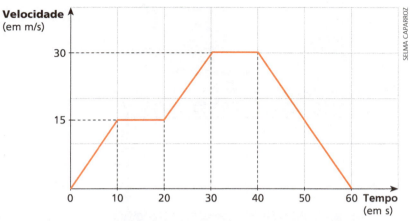

a) Qual foi a velocidade máxima que o carro atingiu?

b) Em quais instantes a velocidade do carro foi constante?

c) Em quais instantes o movimento foi acelerado?

d) A partir de que momento o movimento foi retardado?

e) Qual é a aceleração do carro de $t = 0$ a $t = 10$ s?

f) Qual é a aceleração do carro de $t = 40$ s a $t = 60$ s?

g) Calcule o espaço percorrido no período de $t = 10$ s a $t = 20$ s.

h) Calcule o espaço percorrido no período de $t = 30$ s a $t = 40$ s.

15. Marque as forças peso e normal dos objetos acima da mesa na situação mostrada a seguir.

16. Observe a imagem e responda às questões. Considere que os dois contêineres serão levantados simultaneamente.

a) Qual é a intensidade da soma das forças?

_____

b) Indique na imagem a força resultante.

c) Qual é o sentido e a direção do movimento?

_____

_____

17. Observe a imagem e faça o que se pede.

- Cite exemplos que poderiam ajudar a resolver o problema da mobilidade urbana nas grandes cidades.

_____
_____
_____
_____

18. Ligue cada tipo de força às suas características.

Força normal

Força peso

- Responsável por satélites artificiais e naturais se manterem em órbita.
- Força gravitacional exercida pela Terra sobre os corpos.
- Costuma ser confundida com a massa de um corpo ou objeto.
- Também conhecida como uma força de contato.
- Está relacionada a uma força de atração constante.
- É sempre perpendicular à superfície de contato.

UNIDADE 7 ENERGIA

RECAPITULANDO

- **Energia** é a capacidade de realizar uma ação. Entre as diferentes formas de energia podemos citar: energia **cinética**, energia **pontencial gravitacional**, energia **térmica**, energia **elétrica**, energia **luminosa** e energia **nuclear**.
- Toda energia que está associada ao **movimento** de um corpo recebe o nome de **energia cinética**.
- A **energia gravitacional** está diretamente relacionada à gravidade do planeta.
- A **energia térmica** está associada ao movimento das partículas de um corpo.
- A **energia elétrica** permite o funcionamento dos aparelhos eletrônicos que temos em casa.
- As partículas que compõem o Sol passam por diversas transformações, dando origem à **energia luminosa**.
- Algumas transformações que podem ocorrer no núcleo das partículas que formam a matéria liberam uma grande quantidade de energia, que é denominada **energia nuclear**.
- Os **recursos naturais** que são usados como fontes de energia são classificados em **não renováveis** e **renováveis**.
- Os **recursos energéticos não renováveis** levam milhões de anos para serem formados e a sua retirada ocasionará seu esgotamento.
- Os **recursos energéticos renováveis** são os que não se esgotam com o uso.
- De acordo com a **lei da conservação da energia**, a quantidade total de energia em um sistema isolado permanece constante.
- A **geração de energia elétrica** pode ser realizada pelos seguintes tipos de usina: **hidrelétricas**, **termelétricas**, **eólicas**, **nucleares** e **solares**.
- O **trabalho** refere-se à ação de uma força e à transformação de energia.
- O conceito físico que mede a variação de energia por unidade de tempo é a **potência**.
- Quando ligamos um aparelho na tomada, estamos fechando um **circuito elétrico**.
- O **circuito eletrico em série** é aquele no qual os componentes estão colocados sequencialmente, formando apenas um caminho para a corrente elétrica.
- No **circuito em paralelo** os componentes estão ligados entre dois pontos em comum. Nesse caso, a corrente elétrica que passa por um componente pode não ser a mesma que passa pelos outros.

1. Relacione os tipos de energia às respectivas afirmações.

    a) Energia cinética

    b) Energia potencial

    c) Energia térmica

    d) Energia elétrica

    e) Energia luminosa

    f) Energia nuclear

    ( ) Trata-se de uma energia armazenada que pode ser transformada em outros tipos de energia.

    ( ) Está associada ao movimento (grau de agitação) das partículas de um corpo.

    ( ) É toda energia associada ao movimento de um corpo.

    ( ) Está relacionada ao processo de transformação dos núcleos das partículas que formam a matéria.

    ( ) Está associada às diversas transformações das partículas que compõem o Sol.

    ( ) Geralmente, é produzida em usinas hidrelétricas.

2. Observe as imagens e preencha as lacunas das frases.

a) Ao ver a luz solar ou a luz de uma lâmpada, estamos em contato com a energia _____.

b) A energia associada ao movimento dos carros e das pessoas nas ruas recebe o nome de energia _____.

c) A energia _____ permite o funcionamento dos aparelhos que utilizamos no dia a dia.

d) A energia que está diretamente relacionada com as altas temperaturas e o calor é a energia _____.

e) Enquanto o carrinho da montanha-russa sobe, a energia _____ aumenta por causa da atração que a Terra exerce sobre ele.

3. Analise as imagens e as frases. Em seguida, classifique os recursos energéticos em renováveis e não renováveis.

a) A água é utilizada nas hidrelétricas para a geração de energia elétrica.
___
___

b) O vento é utilizado na movimentação das hélices em usinas eólicas.
___
___

c) O carvão mineral é um recurso muito utilizado em usinas termelétricas para a produção de eletricidade.
___
___

d) O petróleo pode ser encontrado perfurando o fundo dos oceanos, e são utilizadas gigantescas plataformas para sua extração.
___
___

4. Analise as imagens e explique o tipo de transformação de energia representado nelas.

a) Sair de um ponto mais alto de uma rampa de *skate* e descê-la com aumento de velocidade.

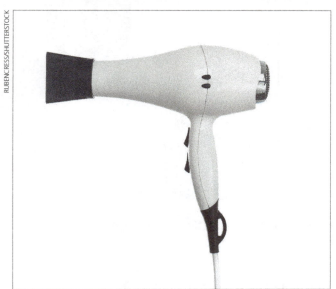

b) No secador de cabelo há um motor interno que funciona como um ventilador, assegurando a passagem do ar pelo aparelho, que o aquece e, consequentemente, o movimenta de dentro para fora.

c) As pilhas utilizadas na lanterna cedem energia para que a lâmpada fique acesa e possa iluminar o ambiente.

5. Complete as frases e, depois, preencha a cruzadinha.

1. Na usina _____ a energia potencial gravitacional é transformada em energia cinética nas quedas-d'água, que por sua vez é transformada em energia elétrica.

2. Os ventos, ao passar pelas hélices das turbinas em uma usina _____, fazem-nas girar, transformando a energia cinética desse movimento em energia elétrica no gerador.

3. Na usina _____ a queima de combustível converte energia química em energia térmica, fazendo girar uma turbina conectada ao gerador, que converte a energia cinética em elétrica.

4. O urânio é o combustível usado em uma usina _____, e com ele é possível converter energia nuclear em energia térmica para fazer funcionar as turbinas e os geradores, que convertem a energia cinética em elétrica.

5. Na usina _____ a principal fonte utilizada como combustível é a energia proveniente do Sol. Existem usinas fotovoltaicas e heliotérmicas.

6. Analise o quadro a seguir, que mostra alguns tipos de usina e as principais transformações de energia que estão relacionadas a eles. Em seguida, responda à questão.

Tipos de usina	Energia envolvida	Energia final
Hidrelétrica	I	Elétrica
Termelétrica	II	Elétrica
Termonuclear	III	Elétrica
Eólica	IV	Elétrica
Fotovoltaica	V	Elétrica

- Os números de **I** a **V** referem-se a que tipo de energia?

_____

_____

7. Observe a imagem, analise as afirmações e marque (V) para as verdadeiras e (F) para as falsas, corrigindo-as.

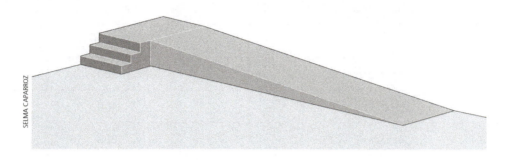

a) (   ) Uma pessoa que sobe pela escada e outra pela rampa realizam trabalhos diferentes.

b) (   ) Subindo pela escada ou pela rampa, uma pessoa realiza o mesmo trabalho.

c) (   ) Se o tempo de quem sobe pela rampa é maior, a potência empregada ao subir pela rampa é menor.

_____
_____
_____

8. Todos os equipamentos elétricos a seguir transformam energia elétrica em outro tipo de energia. Escreva o(s) tipo(s) de energia gerado(s) por cada um deles.

| energia sonora | energia luminosa | energia cinética | energia térmica |

Liquidificador
_____
_____
_____

Ferro de passar
_____
_____
_____

Televisão
_____
_____
_____

9. O quadro mostra alguns equipamentos usados em uma casa e as respectivas potências (W).

Equipamento	Potência (W)
Chuveiro	4500
Computador	300
Televisão	400
Lâmpadas	200

A partir dos dados apresentados no quadro, analise as hipóteses a seguir e faça o que se pede.

Hipótese I: As lâmpadas e o computador são utilizados todos os dias durante 1 hora.

Hipótese II: O chuveiro é utilizado todos os dias durante 30 minutos.

Hipótese III: O computador e a televisão são utilizados todos os dias por 3 horas.

a) Calcule a potência total em horas consumida em 1 mês para:

- Hipótese I

_____
_____
_____

- Hipótese II

_____
_____
_____

- Hipótese III

_____
_____
_____

b) Qual dos equipamentos citados no quadro consome menos energia elétrica?

_____
_____
_____

c) Para diminuir o consumo de energia elétrica, qual aparelho deveria ser usado com mais cautela?

_____
_____
_____

10. As imagens a seguir fazem comparações com circuitos elétricos. Analise-as e complete as frases com as palavras presentes em cada quadro.

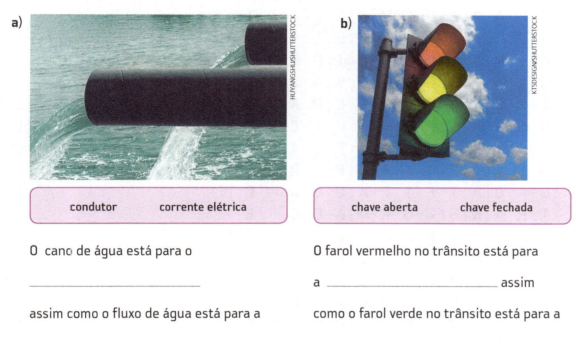

a)

| condutor | corrente elétrica |

O cano de água está para o _____ assim como o fluxo de água está para a _____.

b)

| chave aberta | chave fechada |

O farol vermelho no trânsito está para a _____ assim como o farol verde no trânsito está para a _____.

11. Observe as duas imagens a seguir e descreva as características de cada tipo de circuito.

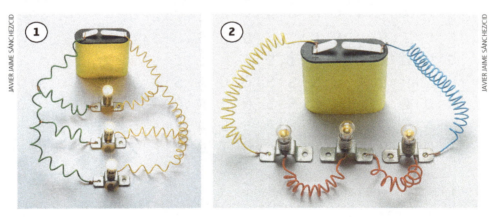

	Tipo de ligação	Características da corrente elétrica	O que acontece se retirarmos uma lâmpada do circuito?
Circuito 1			
Circuito 2			

61

12. Localize os termos no diagrama e complete as lacunas das frases a seguir.

Ç	H	Á	O	Z	P	É	M	F	G	L	I	F	I	F
A	S	D	F	E	R	B	F	A	O	I	Í	O	Í	O
G	I	N	T	E	R	R	U	P	T	O	R	G	R	G
O	C	W	A	D	E	R	F	A	G	A	L	I	L	I
L	A	O	F	E	R	E	T	I	C	O	A	S	A	S
G	S	S	N	C	E	L	É	T	R	I	C	O	R	Ó
I	D	A	S	D	A	E	Ô	I	E	S	A	S	A	S
D	S	A	L	G	U	T	A	F	E	Í	R	S	R	S
G	A	O	A	I	F	T	F	A	D	G	D	W	D	W
T	R	A	N	S	F	O	R	M	A	D	O	R	E	S
Ó	F	S	A	T	G	U	R	R	D	O	I	D	I	D
S	A	G	Ó	L	I	L	E	Z	E	R	D	S	D	S
S	M	R	E	A	S	O	A	F	E	S	G	A	G	É
Ô	I	A	F	E	T	I	C	O	A	S	K	A	K	R
S	T	R	C	O	C	E	N	T	R	Ó	Ó	F	Ó	I
D	A	E	E	G	Ç	H	Á	O	Z	P	É	A	É	E
G	Ô	S	N	E	A	S	D	F	E	R	B	O	B	O
I	R	I	T	R	S	S	O	M	O	S	T	G	T	G
A	M	S	T	A	C	Ô	P	A	R	A	L	E	L	O
E	C	T	R	D	E	C	G	R	U	S	S	L	S	L
G	O	O	I	O	G	O	Í	Ô	G	A	L	I	L	I
U	N	R	O	R	U	N	S	S	C	O	A	S	A	S
R	D	E	B	M	R	D	S	S	N	T	R	Ó	R	Ó
M	A	T	O	O	M	A	E	A	E	S	A	S	A	S
I	R	I	B	S	C	O	N	D	U	T	O	R	E	S

a) A energia elétrica passa por equipamentos chamados _____.

b) Para ligar um aparelho eletrônico é necessário estabelecer um circuito _____.

c) O _____ permite a produção de energia elétrica.

d) Os _____ são fios e cabos que permitem a passagem de energia elétrica.

e) O _____ controla a passagem de energia elétrica, transformando-a em térmica

f) O _____ é o dispositivo que abre e fecha o circuito.

g) O circuito elétrico conectado em _____ é aquele no qual os componentes estão colocados sequencialmente.

h) Um circuito elétrico conectado em _____, dois ou mais componentes estão ligados entre dois pontos em comum.

UNIDADE 8 SOL, TERRA E LUA

RECAPITULANDO

- O planeta Terra realiza um complexo movimento, que pode ser dividido em componentes, como a **rotação** e a **translação**.
- A **rotação** é o movimento que o planeta Terra realiza em torno de seu próprio eixo.
- O movimento que a Terra e os outros planetas do Sistema Solar realizam ao redor do Sol é denominado **translação**.
- As **estações do ano** estão relacionadas com a intensidade da luz solar que incide sobre determinada região do planeta Terra.
- Nos **solstícios**, há a maior diferença entre a incidência de raios solares nos hemisférios Norte e Sul. Já nos **equinócios**, os dois hemisférios estão igualmente iluminados pelo Sol.
- Corpos como a **Lua**, que não possuem luz própria e giram ao redor de outro corpo celeste, como um planeta, são chamados **satélites**.
- A Lua, assim como a Terra, também realiza movimentos de **rotação** e **translação**.

- A variação da parte visível da Lua é resumida em quatro fases: **nova**, **crescente**, **cheia** e **minguante**.
- O **eclipse** é o escurecimento total ou parcial de um astro. Dois tipos de eclipse são conhecidos: o lunar e o solar.
- No **eclipse lunar**, o Sol, a Terra e a Lua ficam alinhados nessa ordem, a Lua atravessa a região de sombra da Terra.
- No **eclipse solar**, a Lua fica entre o Sol e a Terra. Como o diâmetro da Lua é menor que o do Sol, um eclipse solar não pode ser observado em todas as regiões da Terra.
- O **clima** é um conjunto de características de uma região ao longo de um grande período de tempo, normalmente anos.
- O **tempo** representa as condições meteorológicas de uma região em certo instante, como horas, dias ou semanas.
- As **correntes oceânicas**, ou seja, os movimentos de massas de água dos mares e oceanos, interferem nos fatores que caracterizam o clima de uma região.
- Os **fenômenos climáticos** são consequência da ação humana em várias regiões do Brasil e no mundo.

1. Observe a imagem e indique os nomes dos movimentos representados nela.

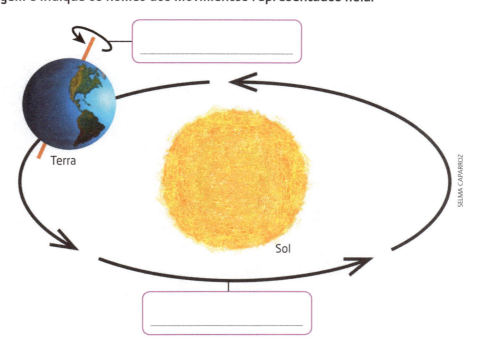

2. Preencha o diagrama a seguir.

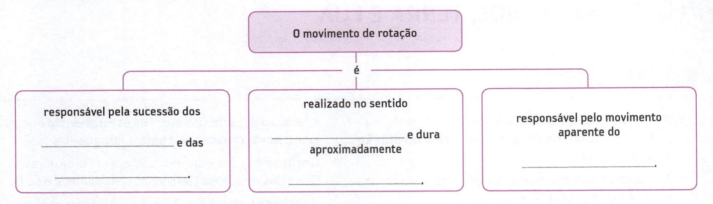

3. É comum representar as mudanças de estação do ano com imagens semelhantes às seguintes:

Por que, no Brasil, essas diferenças nas estações do ano não são bem definidas em todas as regiões do país? Justifique sua resposta.

_____
_____
_____
_____
_____
_____
_____
_____
_____

4. Observe a imagem e faça o que se pede.

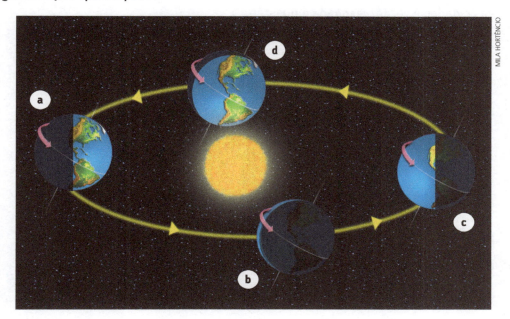

a) Identifique o movimento representado na imagem que está relacionado com as estações do ano.

b) Quanto tempo a Terra leva para completar esse movimento?

c) As letras **a**, **b**, **c** e **d** estão indicando posições específicas da Terra em relação ao Sol – os solstícios e os equinócios. Identifique-os.

d) Indique quais são as estações do ano iniciadas nas posições **a**, **b**, **c** e **d** nos dois hemisférios, Norte e Sul.

5. Observe o globo terrestre a seguir. Nos pontos **A** e **B** estão situadas duas cidades. Sabendo que em uma das cidades é verão, responda à questão.

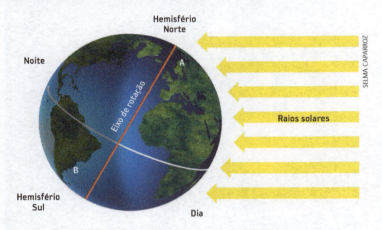

- Quais são as prováveis estações do ano nessas duas cidades?

_____

_____

6. Observe as imagens a seguir e represente, utilizando setas, a inclinação dos raios solares.

a) Em regiões próximas ao Equador:

b) Em regiões polares:

7. Analise as imagens a seguir e indique o período do dia correspondente a cada uma delas.

|_____| |_____| |_____|

8. Observe a imagem aérea da Terra. Parte dela está iluminada pelo Sol. A letra **A** está indicando uma cidade qualquer. Sabendo disso, complete a frase.

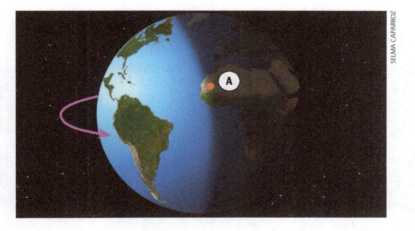

• Considerando a dinâmica do movimento de rotação da Terra, podemos afirmar que na cidade **A** está amanhecendo/anoitecendo.

9. Observe as fases da Lua vista da Terra e indique os respectivos nomes.

|_____| |_____| |_____|

10. Observe as imagens e complete as frases a seguir.

a) Quando uma fonte de luz ilumina um corpo _____, os raios luminosos não atravessam esse corpo; desse modo, forma-se uma _____, que é uma região sem luminosidade.

b) Quando um corpo _____ é iluminado, ele permite a passagem da luz de forma mais espalhada e irregular.

11. Observe a imagem a seguir e responda à questão.

- Qual é o fenômeno astronômico apresentado na imagem? Justifique sua resposta.

_____
_____
_____
_____

12. Observe as imagens a seguir, identificando os tipos de eclipse e os locais de sombra e penumbra.

a)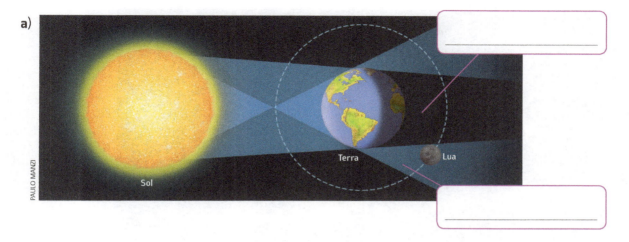

b)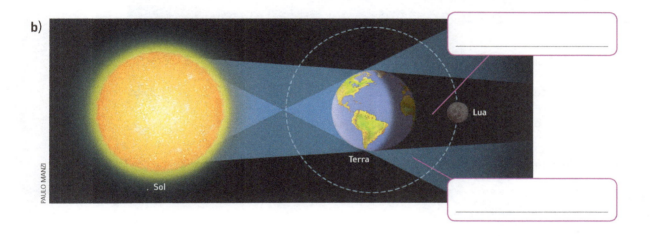

13. Identifique os tipos de eclipse que estão ocorrendo nos locais indicados por **A** e **B**.

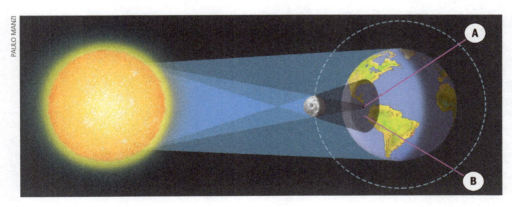

14. Observe a imagem e complete a frase a seguir.

O modelo geocêntrico considerava a _____ o centro do Universo, com todos os outros corpos celestes, como o _____, a _____, os _____ e os demais astros, orbitando ao seu redor.

15. Observe a fotografia a seguir e, depois, responda à questão.

- Qual é a importância das estações meteorológicas?

_____
_____
_____
_____
_____
_____
_____
_____
_____
_____
_____

16. Encontre a relação correta sobre as correntes oceânicas.

a) Correntes frias

b) Correntes quentes

( ) Formam-se em regiões menos aquecidas pelo Sol.

( ) Formam-se em regiões mais aquecidas pelo Sol, principalmente mais próximas à linha do Equador.

( ) Essas massas têm a tendência de gerar climas mais áridos, pois evaporam lentamente.

( ) A temperatura proporciona a formação de uma corrente que circula mais próxima da superfície.

( ) Movimentam-se mais lentamente e costumam ocorrer em regiões mais profundas dos mares e oceanos.

17. Leia a tira e faça o que se pede.

a) Qual é o ramo da Ciência que estuda a previsão do tempo e os processos atmosféricos? Explique.

b) Explique a frustração apresentada pela personagem no último quadrinho.

18. Localize os termos no diagrama e complete as lacunas das frases a seguir.

I	L	Â	Ô	Ú	X	P	Ç	Ã	Ç	U	P	Ã	U
F	J	U	S	G	O	R	M	Ã	Q	Ç	S	U	P
Ô	R	R	Ç	C	D	I	Ã	Ô	E	V	E	W	L
Õ	Ã	W	F	U	R	A	C	Ã	O	E	C	N	O
N	C	D	Ó	I	Ò	A	Â	Â	E	P	A	Ó	Ê
Ê	Ó	Q	E	T	M	V	O	Q	A	B	O	P	P
Q	K	Î	M	W	I	E	U	G	X	T	T	Ú	S
Q	E	C	L	I	M	A	T	O	L	O	G	I	A
R	Z	I	Q	K	A	A	J	Z	A	I	Q	Î	V
Â	V	E	T	M	V	O	N	Ç	Z	J	Z	R	Ú
X	E	S	T	I	A	G	E	M	R	B	R	G	Í
Ç	C	O	U	Õ	T	À	G	P	T	J	T	B	P
F	G	X	H	D	B	J	O	E	T	V	M	O	X
X	A	E	T	I	V	O	V	Ç	B	A	H	N	C
M	E	T	E	O	R	O	L	Ó	G	I	C	A	U
O	U	S	W	Q	D	U	A	P	H	M	J	B	T
Y	H	A	E	N	Z	S	A	I	P	S	A	L	R

a) O _____ é um sistema de tormentas que circula ao redor de um centro de baixa pressão provocando fortes ventos e chuvas.

b) A _____ ou _____ é um fenômeno climático causado pela falta de chuva em uma determinada região por um longo período de tempo.

c) A _____ é uma Ciência que influencia nas diversas atividades humanas, como: agricultura, economia, comércio etc., e está ligada diretamente ao estudo do clima.

d) Uma estação _____ é um conjunto de instrumentos que possibilitam o recolhimento de dados sobre o tempo meteorológico.